THOSE WHO RIDE THE NIGHT WINDS

*Also by Nikki Giovanni:*

*Vacation Time*

*Cotton Candy on a Rainy Day*

*The Women and the Men*

*Black Feeling, Black Talk/Black Judgement*

*Re: Creation*

*Spin a Soft Black Song*

*Gemini*

*A Dialogue: James Baldwin and Nikki Giovanni*

*My House*

*A Poetic Equation: Conversations between
Nikki Giovanni and Margaret Walker*

*Ego Tripping and Other Poems for Young Readers*

# THOSE WHO RIDE THE NIGHT WINDS

BY

NIKKI GIOVANNI

Quill
William Morrow
New York

Some of these poems have appeared in: *Freedomways* magazine; *Eastside/Westside News; Ebony* magazine; *Encore American and Worldwide News;* and through the *Los Angeles Times* newspaper syndicate.

Library of Congress Cataloging in Publication Data

Giovanni, Nikki.
Those who ride the night winds.

I. Title.
PS3557.I55T5     1983        811'.54        82-20811
ISBN 0-688-02653-2

Printed in the United States of America

First Edition

   8  9  10

BOOK DESIGN BY LINEY LI

This book is dedicated to the courage and fortitude of those who ride the night winds—who are the day trippers and midnight cowboys—who in sonic solitude or the hazy hell of habit know —that for all the devils and gods—for all the illnesses and drugs to cure them—Life is a marvelous, transitory adventure—and are determined to push us into the next century, galaxy—possibility. For Nancy.

**N.G.**

The first poem . . . ever written . . . was probably carved . . . on a cold damp cave . . . by a physically unendowed cave man . . . who wanted to make a good impression . . . on a physically endowed . . . cave woman . . . But maybe not . . . Maybe it was she . . . trying to gain the notice . . . of a hunk . . . who was in demand . . . Or perhaps . . . it was simply someone . . . who admired the motion . . . of a sabertooth tiger . . . and wanting to capture the beauty . . . picked up a sharpened rock . . . to draw . . . We know so very little . . . about the origin of the written word . . . let alone the language . . . that all conjecture deserves some consideration . . .

The fears . . . of the human race . . . are legion . . . Perhaps our size . . . strength . . . and speed . . . coupled with our ability . . . to see our weakness . . . have made us an anxious species . . . There are smaller mammals . . . There are more vulnerable life-forms . . . Yet we alone can give vent to our understanding . . . of the tenuousness of Life . . .

Nature is a patient teacher . . . She slowly changes . . . winter to summer . . . by proper use . . . of spring and fall . . . That's kind . . . of nature . . . Humans fear . . . sudden change . . . Hurricanes . . . Volcanoes . . . Earthquakes . . . Tornadoes . . . all are generally perceived . . . as aberrant . . . Blizzards . . . in winter . . . Electrical storms . . . in summer . . . are a part of the season . . . But change . . . both gradual . . . and violent . . . is a necessary ingredient . . . with Life . . .

Art . . . and by necessity . . . artists . . . are on the cutting edge . . . of change . . . The very fact . . . that something has been done . . . over and over again . . . is one reason . . . to change . . . Everything . . . must change . . . If only through perception . . . Honor thy Father and Mother . . . does not change . . . though the understanding of long life has . . . Do unto others as you would have them do unto you . . . has not changed . . . though the application must move from the individual to the nation . . . What goes up must come down . . . will not change . . . though our rock stars and superathletes seem impervious . . . to the lessons of Telstar . . . There is . . . in reality . . . very little that is new . . . under the yellow sun . . . We have only rearranged the matter . . . and reconceptualized the thought . . . Greed . . . is a terrible thing . . . Envy . . . is not an acceptable emotion . . . Jealousy . . . is dangerous to your emotional life . . . and the physical and mental well-being . . . of your loved one . . . Though people say . . . they cannot change . . . change we do . . . in our abilities . . . desires . . . understanding . . . The need to force . . . humans to change . . . may be one reason we all grow . . . older . . . though there is no corresponding gene . . . to make us grow . . . wiser . . .

In the written arts . . . language has opened . . . becoming more accessible . . . more responsive . . . to what people really think . . . and say . . . We are now free . . . to use any profane word . . . or express any profound thought . . . we may wish . . . Sexuality . . . once a great taboo in language . . . and act . . . is fully explored . . . through fiction . . . and nonfiction . . . through poetry . . . and plays . . . Different and same gender . . . different and same age . . . different and same race . . . religion . . . or creed . . . all take their places . . . on the bookshelves . . . Ideas that once allowed the State to poison Socrates . . . Ideas that once allowed the Church to force Copernicus to recant . . . Ideas that once encouraged McCarthy to destroy the lives of men and women . . . are now as acceptable as a stop-and-go light . . . or at least as well understood . . . as fluoride . . . While there is surely much . . . to be done . . . some change has rent . . . its ways . . . I changed . . . I chart the night winds . . . glide with me . . . I am the walrus . . . the time has come . . . to speak of many things . . .

—Nikki Giovanni
*Cincinnati, 1982*

# CONTENTS

## Day Trippers

# NIGHT WINDS

# :: Lorraine Hansberry:

*An Emotional View*

It's intriguing to me that "bookmaker" is a gambling . . . an underworld . . . term somehow associated with that which is both illegal . . . and dirty . . . Bookmakers . . . and those who play with them . . . are dreamers . . . are betting on a break . . . a lucky streak . . . that something will come . . . their way—something good . . . something clean . . . something wonderful . . . We who make books . . . we who write our dreams . . . confess our fears . . . and witness our times are not so far . . . from the underworld . . . are not so far . . . from illegality . . . are not so far from the root . . . the dirt . . . the heart of the matter.

Writers . . . I think . . . live on that fine line between insanity and genius . . . Either scaling the mountains . . . or skirting the valleys . . . Riding that lonely train of truth . . . with just enough of the player in us . . . to continue to hope . . . for the species . . . Writers are . . . perhaps . . . congenital hypocrites . . . I don't think preachers . . . priests . . . rabbis . . . and ayatollahs are hypocritical . . . because they have tubular vision . . . are indeed . . . myopic . . . They know the answer . . . before you ask the question . . . But the writer . . . the painter . . . the sculptor . . . the creator . . . those who work . . . with both the mind . . . and the heart of mankind . . . have no reason . . . to be hopeful . . . We have . . . in fact . . . no right to write the happy ending . . . or the love poem . . . no reason . . . to sculpt David . . . or paint . . . like Charles White . . . We who have seen . . . all sides of the coin . . . the front . . . the back . . . and the ribbed edge . . . know what the ending . . . will surely be . . . Yet we speak . . . to and of . . . courage . . . love . . . hope . . . something better . . . in mankind . . . When we are perfectly honest . . . with ourselves . . . we cannot justify . . . our faith . . . Yet faith we do have . . . and continue to share.

Bookmaking is shooting craps . . . with the white boys . . . downtown on the stock exchange . . . is betting a dime you can

13 /

win . . . a hundred . . . Making books is shooting craps . . . with God . . . is wandering into a casino where you don't even know the language . . . let alone the rules of the game . . . And that's proper . . . that's as it should be . . . If you wanted to be safe . . . you would have walked into the Post Office . . . or taken a graduate degree in Educational Administration . . . If you want to share . . . a vision . . . or tell the truth . . . you pick up . . . your pen . . . And take your chances . . . This is not . . . after all . . . tennis . . . where sets can be measured by points . . . or football . . . where games run on time . . . or baseball . . . where innings structure the play . . . It is life . . . open-ended . . . And once the play has begun . . . the book made . . . time . . . is the only judge.

Time . . . to the Black American . . . has always been . . . a burden . . . from 1619 to now . . . we have played out our drama . . . before a reluctant time . . . We were either too late . . . or too early . . . No people on Earth . . . in all her history . . . has ever produced so many people . . . so generally considered . . . "ahead of their time." . . . From the revolts in Africa . . . to our kidnapping . . . to the martyrs of freedom today . . . our people have been burdened . . . by someone else's sense . . . of the appropriate . . . There are . . . of course . . . all the jokes . . . about C. P. time . . . and there are the reminders . . . by the keepers of our souls . . . that God "is never late . . . but He always comes . . . on time." . . . To be Black . . . in America . . . is to not at all understand . . . time . . . Little Linda Brown was told . . . her school would be desegregated . . . "with all deliberate speed" . . . and twenty-five years later . . . this is still . . . untrue . . . Dr. King was told . . . in Montgomery . . . he was pushing too hard . . . going too fast . . . expecting too much . . . I wish we had been enslaved . . . at the same rate we are being set . . . free . . . It would be . . . an entirely different story . . . I wish the battleships . . . had sailed down the Mississippi River . . . when Emmett Till was lynched . . . at the same speed they sped to Cuba . . . during the missile crisis . . . I wish food . . . had been airlifted . . . to the sharecroppers in Tennessee . . . when they were pushed off the land . . . for exercising their right to vote . . . at the same speed . . . it was airlifted . . . to West Berlin . . . at the ending of World War II . . . But I'm only a colored poet . . . and my wishes

. . . no matter which star I choose . . . do not come true . . . But I'm also a writer . . . and I know . . . that the Europeans aren't the only ones . . . who keep time . . . some of the time is going . . . to be my time . . . too . . .

Life teaches us not to regret . . . not to spend too much time on what might have been . . . It is neither emotionally . . . nor intellectually possible . . . for me to dwell on might-have-beens . . . I have a great love of history and antiques . . . the past is there to instruct us . . . I am socially retarded . . . so I hold on . . . to old friends . . . I like to be surrounded . . . by that which is warm and familiar . . . yet I'm sorry . . . I never met Lorraine Hansberry . . . I vividly understand that a writer is not the book she made . . . any more than a child is the print of his parents . . . Many of us are personally paranoid . . . generally uncommunicative . . . and basically unnice . . . just like most people . . . But I think Lorraine must have been one . . . of those wonderful humans who . . . seeing both sides of the dilemma . . . and all sides of the coin . . . still called "Heads" . . . when she tossed . . . And in her gamble . . . never came up snake eyes . . . It's not that she wrote . . . beautifully . . . and truthfully . . . though she did . . . It's not just that she anticipated . . . our people and their reactions . . . though she did . . . She also . . . when reading through . . . and between the lines . . . possessed that quality of courage . . . to say what had to be said . . . to those who needed to hear it . . . If writers are visionary . . . her ministry was successful . . . She made it . . . possible for all of us . . . to look . . . a little . . . deeper.

# ⠂⠂ Hands: For Mother's Day

I think hands must be very important . . . Hands: plait hair
. . . knead bread . . . spank bottoms . . . wring in anguish . . . shake
the air in exasperation . . . wipe tears, sweat, and pain from faces
. . . are at the end of arms which hold . . . Yes hands . . . Let's
start with the hands . . .

My grandmother washed on Mondays . . . every Monday . . . If
you were a visiting grandchild or a resident daughter . . . every
Monday morning at 6:00 A.M. . . . mostly in the dark . . . fre-
quently in the cold . . . certainly alone . . . you heard her on the
back porch starting to hum . . . as Black Christian ladies are prone
to do . . . at threshold . . . some plea to higher beings for
forgiveness and the power to forgive . . .

I saw a photograph once of the mother of Emmett Till . . . a slight,
brown woman with pillbox hat . . . white gloves . . . eyes dark
beyond pain . . . incomprehensibly looking at a world that never
intended to see her son be a man . . . That same look is created each
year . . . without the hat and gloves, for mother seals are not chic
. . . at the Arctic Circle . . . That same look is in vogue in Atlanta,
Cincinnati, Buffalo . . . for much the same reason . . . During one
brief moment, for one passing wrinkle in time, Nancy Reagan
wore that look . . . sharing a bond, as yet unconsummated . . . with
Betty Shabazz, Jacqueline Kennedy, Coretta King, Ethel Kennedy
. . . The wives and mothers are not so radically different . . . It is the
hands of the women which massage the balm . . . the ointments . . .
the lotions into the bodies for burial . . . It is our hands which: cover
the eyes of small children . . . soothe the longing of the brothers . . .
make the beds . . . set the tables . . . wipe away our own grief . . . to
give comfort to those beyond comfort . . .

I yield from women whose hands are Black and rough . . . The
women who produced me are in defiance of Porcelana and Jer-

gens lotion . . . are ignorant of Madge's need to soak their finger-nails in Palmolive dishwashing liquid . . . My women look at cracked . . . jagged fingernails that will never be adequately disguised by Revlon's new spring reds . . . We of the unacceptably strong take pride in the strength of our hands . . .

Some people think a quilt is a blanket stretched across a Lincoln bed . . . or from frames on a wall . . . a quaint museum piece to be purchased on Bloomingdale's 30-day same-as-cash plan . . . Quilts are our mosaics . . . **Michelle-Angelo's** contribution to beauty . . . We weave a quilt with dry, rough hands . . . Quilts are the way our lives are lived . . . We survive on patches . . . scraps . . . the leftovers from a materially richer culture . . . the throwaways from those with emotional options . . . We do the far more difficult job of taking that which nobody wants and not only loving it . . . not only seeing its worth . . . but making it lovable . . . and intrinsically worthwhile . . .

Though trite . . . it's nonetheless true . . . that a little knowledge is a dangerous thing . . . Perhaps pitiful thing would be more accurate . . . though that too is not profound . . . The more we experience the human drama . . . the more we are to understand . . . that whatever is not quite well about us will also not quite go away . . .

Sometimes . . . when it's something like Mother's Day . . . you really do wish you were smart enough to make the pain stop . . . to make the little hurts quit throbbing . . . to share with Star Trek's Spock the ability to touch your fingertips to the temples and make all the dumb . . . ugly . . . sad things of this world ease from memory . . . It's not at all that we fail to forgive others for the hurts we have received . . . we cannot forgive ourselves for the hurts we have meted . . . So . . . of course . . . we use our hands to push away rather than to pull closer . . .

Cumulus clouds . . . we learn in the 5th grade . . . always travel in families . . . They appear to be a friendly group . . . If you see one . . . others will soon follow . . . and you have to be very careful not to just lie on your back . . . putting aside all serious chores for the rest of the day . . . to watch the procession pass . . . I wish I were a cumulus cloud . . . then I could control the sunshine . . . Not the sun shining because it shines every day . . . it's just that some days we fail to see it . . . I don't want to be any of those altospheric clouds that lay a dark, threatening cover . . . I want to be a friendly cotton ball playing in the blue . . . calling, as all cotton clouds do . . . my family around me . . . It was very clever of nature to invent both cumulus clouds and mothers . . . Both would be nice to hold . . . but you can't squeeze too tight . . . They are not . . . after all . . . oranges or grapefruits . . . though a tough skin would probably be a help on days when daddy has a bear inside struggling to get out . . . and the kids have ants in their pants . . .

We look . . . in vain . . . for an image of mothers . . . for an analogy for families . . . for a reason to continue . . . We live . . . mostly because we don't know any better . . . as best we can . . . Some of us are lucky . . . we learn to like ourselves . . . to forgive ourselves . . . to care about others . . . Some of us . . . on special occasions . . . watch the ladies in the purple velvet house slippers with the long black dresses come in from Sunday worship and we realize **man** never stood up to catch and kill prey . . . **man** never reared up on his hind legs to free his front parts to hold weapons . . . WOMAN stood to free her hands . . . to hold her young . . . to embrace her sons and lovers . . . WOMAN stood to applaud and cheer a delicate mate who needs her approval . . . WOMAN stood to wipe the tears and sweat . . . to touch the eyes and lips . . . that woman stood to free the arms which hold the hands . . . which hold.

## :: This Is Not for John Lennon

*(and this is not a poem)*

Not more than we can bear . . . more than we should have to
. . . Those of us lacking the grace to kill ourselves take it in the
gut . . . from a gun or gossip . . . what's the difference . . . Anything
in the name of the Lord . . . or Freud . . . and don't forget the
book contracts and possible made-for-TV-movies starring that
cute little buttoned-down guy who you recently saw making some
sort of deal with a game show host . . . It's bad form to point out
that Jesus didn't wear no shoes nor carry any guns and wasn't even
known to have a choice on the presidential preference poll
(though His father was quoted a lot) . . . He has been seen
however a lot at football games cheering the Catholic teams on
to victory . . . let us all be born just one more time . . . we may
yet get it . . . right . . .

Something's wrong and this is not a poem . . . the main difference
being that you didn't think it was . . . Unlike those who profess
to be caring and Christian I didn't fool you . . . it's not about John
Lennon either . . . he's dead . . . And the man who killed him is
cutting a deal . . . with doctors whose only operations are with
lawyers over how to split the money and the 15 minutes of fame
Andy Warhol so solemnly promised . . . What a pitiful country
this is . . . Our beloved mayor who prefers capital punishment to
Jesus as a foolish belief all of a sudden defends the violence of
New York by saying, "But golly gee fellows there is violence in
England too" . . . Yes indeedy folks it's not the gun but the man
. . . Maybe the New Right is finally right about something . . .
Let's ban the men . . . Let's make them justify their existence and
their right to survival . . . Let us set up a board . . . a bureaucracy
even . . . where each one must come in and fill out in triplicate
the reasons why he should be allowed to live . . . All potential
suicides need not bother to apply . . . They can save us all grief
by killing them real selves instead of they play selves . . . Strange

19 /

isn't it if you try to live by getting a job or creating one there is no help . . . If you try to die by drugs or pills or slicing your wrists you become very very significant . . . No . . . Not more than we can bear . . . more than we ought to . . .

But those who ride the night winds must learn to love the stars . . . those who live on the edge must get used to the cuts . . . We are told if we live in glass houses to neither throw nor stow the stones . . . We are warned of bric-a-brac that easily breaks . . . IF YOU BREAK IT YOU BOUGHT IT . . . the store sign says . . . science being such a tenuous commodity we can only half believe for every action there is an equal and opposite reaction . . . But if Newton was as correct about apples as the snake we are at the beginning not the end . . . Those who have nothing to offer take something away . . . Don't cry for John Lennon cry for ourselves . . . He was an astronaut of inner space . . . He celebrated happiness . . . soothed the lonely . . . braced the weary . . . gave word to the deaf . . . vision to the insensitive . . . sang a long low note when he reached the edge of this universe and saw the Blackness . . . Poetry . . . like photography . . . functions best not only in the available light but in the timeliness of the subject . . . There are always those painters who think the only proper subject are those who can rent the galleries . . . Others know we who cut stone must envision cathedrals . . . I don't believe you know someone just because you like what they do for a living . . . or the product of it . . . You don't feel you know David Rockefeller and you all like money . . . or what it can buy . . . You don't feel you know or want to know Jerry Falwell and you all want to go to heaven . . . or so you say . . . No this is not about John Lennon . . . He only wrote and sang some songs . . . So did Chuck Willis . . . Johnny Ace . . . Sam Cooke . . . Otis Redding . . . The blood on city streets and backcountry roads isn't new . . . but now we can call this game exactly what it is . . . This isn't about somebody who killed . . . either . . . It's always a nut though isn't it . . . cashew . . . peanut . . . walnut . . . pistachio . . . yeah . . . a real pissedaschio nut . . . But take comfort music lovers . . . Reagan supports gun control . . . ling freaks . . . And those who ride the night winds do learn to love the stars . . . even while crying in the darkness . . . The whole may be greater than the sum of its parts . . . we'll never know now . . . one part is missing. No this is not about John Lennon . . . It's about us . . . And the night winds . . . Anybody want a ticket to ride?

## ∷ Mirrors

*(for Billie Jean King)*

The face in the window . . . is not the face in the mirror . . .
Mirrors aren't for windows . . . they would block the light . . .
Mirrors are for bedroom walls . . . or closet doors . . . Windows
show who we hope to be . . . Mirrors reflect who we are . . .
Mirrors . . . like religious fervors . . . are private . . . and actually
uninteresting to those not involved . . . Windows open up . . .
bring a fresh view . . . windows make us vulnerable

The French teach us in love . . . there is always one who kisses
. . . and one who offers . . . the cheek . . . There is many a slip
. . . 'twixt the cup and the lip . . . that's the reason . . . napkins
were born . . . In love . . . there is always the hurt . . . and the
hurter . . . even when the hurter doesn't want . . . to hurt . . . the
hurtee selfishly strikes

Lips . . . like brownish gray gulls infested by contact with
polluted waters circling a new jersey garbage heap . . . flap in
anticipation
Lips . . . like an old pot-bellied unshaven voyeur with the
grease of his speciality packed under his dirty ragged fingernails
. . . move with the glee of getting a good lick in
Lips . . . like a blind man describing an elephant by touch
. . . give inadequate information

There are things . . . that we know . . . yet don't want to see
. . . NOT THINGS . . . like abused children . . . that is public
pain . . . and light must be focused . . . to bring the healing heat
. . . NOT THINGS . . . like battered wives . . . that is public policy
. . . if we allow silence to cover the cries . . . NOR THINGS
. . . like the emotionally troubled . . . only Dick and Jane . . . or
Ozzie and Harriet . . . are always smiling . . . NOT THINGS
. . . like people in wheelchairs . . . who need sidewalk access

. . . NOR THINGS . . . like the unsighted . . . who need braille
in public elevators . . . BUT THINGS . . . like love . . . and
promises made after midnight . . . the rituals and responsibilities
of courtship . . . have no place . . . in the court yard . . . are not
a part of the public see . . . Pillow Talk is only a movie starring
Doris Day or a song by Sylvia . . . something delightful if you're
lucky . . . or necessary if you're needy . . . but always private
. . . since you're human

The hands of children break . . . drinking glasses . . . dinner plates
. . . wooden buses . . . dolls with long blond hair . . . Lego
structures . . . down . . .
While playing blind man's bluff . . . flower heads and beds suffer
little gym-toed carelessness . . . When playing kickball . . . baseball
. . . football . . . soccer . . . windows unshuttered shatter . . . it's
only natural . . . they are children . . . Childish adults want to break
mirrors . . . want to shatter lives . . . While eating and playing
paraphernalia are easily replaced . . . toys forgotten . . . flowers
regrown . . . windows quickly repaired . . . sometimes with a
scolding/sometimes with a shrug . . . mirrors broken . . . promise
seven years . . . bad luck . . . Like Humpty Dumpty . . . lives
. . . once exposed to great heights . . . seem destined . . . for great
falls . . . and are seldom properly repaired

Some people choose heroes . . . because they kiss a horse . . . and
ride . . . alone . . . into the sunset . . . Some choose a hero
. . . because he robbed the rich . . . and gave to the poor . . . Some
want to emulate lives . . . that discovered cures for exotic diseases
. . . or made a lot of money off foolish endeavors . . .
One of my heroes . . . is a tennis player . . . who has the courage
of her game . . . and her life . . . "It Was A Mistake" for sure
. . . if courtship turns to courts . . . if letters written to share a
feeling come back . . . to testify against you . . . "It Was A
Mistake" to choose the myopic . . . selfish . . . greedy as a
repository of a feeling . . . "It Was A Mistake" to want that which
does not want you but what you can do . . . but It Cannot Be A
Mistake to have cared . . . It Cannot Be An Error to have tried
. . . It Cannot Be Incorrect to have loved

It is illogical to spit . . . upon a face you once kissed
It is mean . . . to blacken eyes . . . which once beheld you
It is wrong . . . to punish the best . . . within

One of my heroes embraced . . . Medusa . . . but the mirror will
not break . . . it only shattered . . . The window did not crack
. . . it only opened . . . I am not ashamed . . . only sad . . . not
for my hero . . . but for those who fail to see . . . the true
championship . . . match

## :: Linkage

*(for Phillis Wheatley)*

What would a little girl think . . . boarding a big . . . at least to
her . . . ship . . . setting sail on a big . . . to everybody . . . ocean
. . . Perhaps seeing her first . . . iceberg . . . or whale . . . or shark
. . . Watching the blue water kiss . . . the blue sky . . . and blow
white clouds . . . to the horizon . . . My mother . . . caused awe
. . . in me for blowing . . . smoke rings . . . What would a little
girl think . . . leaving Senegal . . . for that which had no name
. . . and when one was obtained . . . no place for her . . .

You see them now . . . though they were always . . . there
. . . the children of Hester Prynne . . . walking the streets . . .
needing a place . . . to eat . . . sleep . . . Be . . . warm . . . loved
. . . alone . . . together . . . complete . . . The block . . . that little
Black girls . . . stood upon . . . is the same block . . . they now
walk . . . with little white boys and girls . . . selling themselves
. . . to the adequate . . . bidder . . .

Hagar was a little Black girl . . . chosen by Sarah and Abraham
. . . looked like a breeder . . . they said . . . Phillis . . . a little Black
girl . . . chosen by Wheatley . . . looked intelligent . . . make a
cute pet . . . for the children . . . Old men . . . sweat curling round
their collars . . . choose a body and act . . . on the wait . . . through
the tunnel to Jersey . . . Looked like fun . . . they say . . . Family
members . . . and family friends . . . inhale to intoxication . . . the
allure of the youths . . . destroying in conception . . . that which
has never been . . . born . . .

Eyes . . . they say . . . are the mirror . . . of the soul . . . a reflection
. . . of the spirit . . . an informer . . . to reality . . . What do you
see . . . if you are a little Black girl . . . standing on a stage
. . . waiting to be purchased . . . Is there kindness . . . concern
. . . compassion . . . in the faces examining you . . . Do your eyes
show . . . or other eyes acknowledge . . . that you . . . dusky

. . . naked of clothes and tongue . . . stripped of the protection of Gods . . . and countrymen . . . are Human . . . Do you see those who purchase . . . or those who sold . . . Do you see those who grab at you . . . or those who refused to shield you . . . Are you grateful to be bought . . . or sold . . . What would you think . . . of a people . . . who allowed . . . nay encouraged . . . abetted . . . regaled . . . in your chains . . . Hands . . . that handle heavy objects . . . develop callouses . . . Feet in shoes too tight . . . develop corns . . . Minds that cannot comprehend . . . like lovers separated too long . . . develop an affinity for what is . . . and an indifference . . . if not hostility . . . to that which has been denied . . . Little white boys . . . stalking Park Avenue . . . little white girls . . . on the Minnesota Strip . . . are also slaves . . . to the uncaring . . . of a nation . . .

It cannot be unusual . . . that the gene remembers . . . It divides . . . and redivides . . . and subdivides . . . again and again and again . . . to make the eyes brown . . . the fingers long . . . the hair coarse . . . the nose broad . . . the pigment Black . . . the mind intelligent . . . It cannot be unusual . . . that one gene . . . from all the billions upon billions . . . remembered clitorectomies . . . infibulations . . . women beaten . . . children hungry . . . garbage heaping . . . open sewers . . . men laughing . . . at it all . . . It cannot be unusual . . . that the dark . . . dusky . . . murky world . . . of druggery . . . drums . . . witch doctors . . . incantations . . . MAGIC . . . was willingly shed . . . for the Enlightenment . . . At least man . . . was considered rational . . . At least books . . . dispensed knowledge . . . At least God . . . though still angry and jealous . . . was reachable through prayer and action . . . if those are not redundant . . . terms . . . We cannot be surprised that young Phillis chose poetry . . . as others choose prostitution . . . to express her dismay . . .

The critics . . . from a safe seat in the balcony . . . disdain her performance . . . reject her reality . . . ignore her truths . . . How could she . . . they ask . . . thank God she was brought . . . and bought . . . in this Land . . . How dare she . . . they decried . . . cheer George Washington his victory . . . Why couldn't she . . . they want to know . . . be more like . . . more like . . . more like . . . The record sticks . . . Phillis was her own precedent . . . her own image . . . her only ancestor . . . She wasn't like Harriet Tubman because she is Tubman . . . with Pen . . . rather than body . . . Leading herself . . . and therefore her people . . . from bondage . . . not like Sojourner Truth . . . she was Truth . . . using words on paper . . . to make the case . . . that slavery is people . . . and wrong to do . . . We know nothing of the Life . . . we who judge others . . . of the conditions . . . we create . . . and expect others to live with . . . or beyond . . . broken spirits . . . broken hearts . . . misplaced love . . . fruitless endeavor . . . Women . . . are considered complete . . . when they marry . . . We have done . . . it is considered . . . our duty . . . when we safely deliver a person from the bondage of Father . . . to the bondage of duty . . . and husband . . . from house slaves who read and write . . . to housewives who have time for neither . . . We are happy . . . when their own race is chosen . . . their own class reaffirmed . . . their own desire submerged . . . into food . . . dishes . . . laundry . . . babies . . . no dreams this week thank you I haven't the time . . . Like overripe fruit in an orchard embraced by frost . . . the will to live turns rotten . . . feckless . . . feculent . . .

What is a woman . . . to think . . . when all she hears . . . are words that exclude her . . . all she feels . . . are emotions that deceive . . . What do the children think . . . in their evening quest . . . of those who from platform and pulpit . . . deride their condition . . . yet purchase their service . . . What must life be . . . to any young captive . . . of its time . . . Do we send them back . . . home to the remembered horrors . . . Do we allow them their elsewheres . . . to parade their talents . . . Do we pretend that all is well . . . that Ends . . .

## :: Charles White

The art of Charles White is like making love
in the early evening
after the cabs have stopped
to pick you up and the doorman said
"Good evening ma'am. Pleasant weather we're having"

The images of Charles White remind me
of eating cotton candy at the zoo on a rainy day
and the candy not melting and all the other kids wondering
why

I remember once when I was little
before I smoked too many cigarettes
entering the church picnic sack race
I never expected to win just thought it would be fun
I came in second and drank at least a gallon
of lemonade then wandered off
to an old rope swing

Of all the losses of modern life the swing
in the back yard is my special regret
one dreams going back and forth of time and space
stopping bowing to one's sheer magnificence
pumping higher and higher space blurs time
and the world stops spinning while I in my swing
give a curtsey correctly
my pigtails in place and my bangs cut
just right

"But why aren't the artists the politicians" she asked
"because they're too nice" was the reply
"too logical too compassionate"
which not understanding I took to mean "sexy"—at least

that's how come and passionate were used in the novels
Johnetta and I used to sneak and read

And in the grown up world I think I understand
that passion is politics that being is beauty
and we are all in some measure responsible
for the life we live and the world
we live in

Some of us take the air, the land, the sun
and misuse our spirits        others of us have earned
our right to be called men and women

Charles White and his art were introduced to me
through magazines and books—that's why I love them

Charles White and his art were shared with me through
love and concern—that's why I value those

Charles White and his art live in my heart and the heart
of our people—that's why I think
love is worthwhile

## :: The Drum

*(for Martin Luther King, Jr.)*

The drums . . . Pa-Rum . . . the rat-tat-tat . . . of drums . . .
The Pied Piper . . . after leading the rats . . . to death . . . took
the children . . . to dreams . . . Pa-Rum Pa-Rum . . .

The big bass drums . . . the kettles roar . . . the sound of animal
flesh . . . resounding against the wood . . . Pa-Rum Pa-Rum . . .

Kunta Kinte was making a drum . . . when he was captured
. . . Pa-Rum . . .
Thoreau listened . . . to a different drum . . . rat-tat-tat-Pa-
Rum . . .
King said just say . . . I was a Drum Major . . . for peace . . .
Pa-Rum Pa-Rum . . . rat-tat-tat Pa-rum . . .

Drums of triumph . . . Drums of pain . . . Drums of life . . . Funeral
drums . . . Marching drums . . . Drums that call . . . Pa-Rum
Pa-Rum . . . the Drums that call . . . rat-tat-tat-tat . . . the Drums
are calling . . . Pa-Rum Pa-Rum . . . rat-tat-tat Pa-Rum . . .

## :: A Poem on the Assassination of
   Robert F. Kennedy


Trees are never felled . . . in summer . . . Not when the fruit
. . . is yet to be borne . . . Never before the promise . . . is fulfilled
. . . Not when their cooling shade . . . has yet to comfort . . .

Yet there are those . . . unheeding of nature . . . indifferent to
ecology . . . ignorant of need . . . who . . . with ax and sharpened
saw . . . would . . . in boots . . . step forth damaging . . .

Not the tree . . . for it falls . . . But those who would . . .
in summer's heat . . . or winter's cold . . . contemplate . . . the
beauty . . .

## ∷ Eagles

*(a poem for Lisa)*

Eagles are a majestic species . . . living in the thin searing air
. . . building
nests on precipitous ledges . . .
　　　they are endangered . . . but unafraid . . .

An eagle's nest is an inverted dimple . . . made of ready smiles
. . . unbleached
saris . . . available arms . . . and clean soap smells . . .
　　　to withstand all . . . elements . . .

Nestled in the chocolate chaos . . . destined to become: *just like*
　　　　　roller skaters
　　　　　submarine eaters　　　　　　*J, Lo*
　　　　　telephone talkers
　　　　　people
　　　are improperly imprinted ducklings . . .

Eagles perched . . . on those precipitous ledges . . . insist upon
teaching . . .
　　　the young . . . to fly . . .

# :: Flying Underground

*(for the children of Atlanta)*

Every time the earth moves . . . it's me . . . and all my friends
. . . flying underground . . . Off to a soccer game . . . or basketball
showdown . . . sometimes stickball . . . baseball . . . wicket
. . . Sweat falls from clouds . . . crowded 'neath the sun . . .
cheering us . . . Sweat climbs up . . . to morning grass . . . when
we run too fast . . . Always running . . . always fun . . . flying
underground . . . I can make the earth move . . . flying under-
ground . . .

I work . . . Saturday afternoons . . . and sometimes after school
. . . Going to the store . . . for Mrs. Millie Worthington . . .
Everybody knows her . . . with her legs swollen . . . 'bout to burst
. . . Most times Chink . . . Mr. Chink Mama says . . . but everybody
calls him Chink . . . gives me a dime . . . to get his snuff . . . or
some chewing tobacco . . . Always go to Hunter Street . . . or to
the Coliseum . . . when a show's in town . . . Do groceries
. . . bags . . . peanuts/popcorn/ice cold pop! . . . Never gonna
do dope . . . but maybe run a number . . . Walking . . . running
. . . I get tired . . . Been cold . . . but not too much . . . Never
been . . . really hungry . . . Just get tired . . . a lot . . .

Teacher says I do . . . real good . . . in school . . . I like to read
books . . . where things happen . . . if I was Tom . . . Sawyer I'd
get that fence . . . painted . . . I draw pictures . . . with lots of sun
and clouds . . . Like to play I do . . . a lot . . . and I talk . . . in
class . . .

I cried once . . . I don't know why . . . I can't remember now
. . . Mrs. Evans held my hand . . . Nothing holds me now . . . They
opened up a spot . . . and put me underground . . . Don't cry
Mama . . . look for me . . . I'm flying . . .

## ∷ Her Cruising Car

*A Portrait of Two Small Town Girls*

There is nothing . . . that can be said . . . that can frighten me
. . . anymore . . . Sadden me . . . perhaps . . . disgust me . . .
certainly . . . but not make me afraid . . . It has been said . . . Learn
What You Fear . . . Then Make Love To It . . . dance with it
. . . put it on your dresser . . . and kiss it good . . . night . . . Say
it . . . over and over . . . until in the darkest hour . . . from the
deepest sleep . . . you can be awakened . . . to say Yes . . .

She never learned . . . no matter how often people tried . . . that
it was hers . . . the fear and the Life . . . the glory of the gamble
. . . It was her quarter . . . she had to pick the machine . . . She
never understood . . . simple duty . . . knowing only to give all
of herself . . . or none . . . There was no balance . . . to her triangle
. . . though three points . . . are the strongest mathematical figures
. . . no tingle . . . when struck . . . no joy . . . in her song . . .
no comfort in her chair . . . war/always war . . . with whom she
was . . . who she wanted to be . . . and what they wanted . . . of
her . . .

One reason I think . . . I am qualified . . . to run the world
. . . though my appointment is not imminent . . . is when I get
. . . what I want . . . I am happy . . . It is surprising to me . . .
how few people are . . . When they win . . . like Richard Nixon
or John McEnroe . . . they are unhappy . . . when they lose
. . . impossible . . . One reason I think . . . I have neither ulcers
nor nail biting habits . . . is I know to be careful . . . of what I
want . . . I just may get it . . .

She was never taught . . . that everything is earned . . . that
Newton was right . . . for every action there is an equal and
opposite reaction . . . Interest is obtained . . . only on Savings
. . . Personality is developed . . . only on risk . . . What is sought

. . . must first be given . . . We please others . . . by only allowing them access . . . to that part of ourselves which is public . . . If familiarity breeds contempt . . . use breeds hatred . . .

Turtles . . . the kind you find in pet stores . . . the kind Darwin met on Galapaloupus . . . grow to fit the environment . . . There are . . . probably . . . some genetic limits . . . but a small turtle . . . in a small bowl . . . will not outgrow . . . her home . . . Flowers . . . will rise . . . proportionate more to the size . . . of the pot . . . than the relationship of sun . . . to rain . . . Humans seldom deviate . . . If she hadn't been a small town girl . . . with a mind and heart molded absolutely . . . to fit the environment . . . she might have developed . . . a real skill . . . a real desire . . . to discover herself . . . and her gifts . . . As it was . . . as it is . . . she simply got used . . . and used to using . . .

She was never a loner . . . never made . . . to understand that life . . . in fact . . . is a solitary journey . . . that only *one* . . . was going to St. Ives . . . that **no** one held her bag . . . while the old woman traveled to Skookum . . . that the Little Red Hen and the Engine That Could . . . did it themselves . . . She was . . . let's face it . . . the leader of the pack . . . the top of the heap . . . cheerleader extraordinaire . . . She was very popular . . . sought after by all the right people . . . for her jokes . . . her parties . . . her parents' car . . . The telephone was invented . . . just for her . . . She set up the friendships . . . the going steadys . . . the class officers . . . yearbook staff . . . Who's-In–Who's-Out . . . through the witch wire . . . Nothing could happen . . . without her input . . . She actually thought . . . it was important . . . who went with whom . . . to the junior prom . . . But somebody had to pick up the fallen streamers . . . sweep the now scarred dance floor . . . turn out the lights before they could go home . . .

We were born . . . in the same year . . . our mothers delivered . . . by the same doctor . . . of the same city . . . in the same hospital . . . We were little chubby girls in pink . . . passing cigarettes at the lawn parties . . . My mother made me play . . . with her . . . and hers . . . with me . . . We didn't really mind . . . we shared

the same friends . . . hers . . . and the same ideas . . . mine
. . . Maybe I became . . . too accustomed . . . to the sameness
. . . It was certainly easier . . . for me to shed . . . her friends
. . . than she to shed . . . my notions . . . Our mothers belonged
. . . to the same clubs . . . Our fathers tracked . . . the same night
devils . . . They all had the same expectations . . . from . . . of
. . . at . . . or to . . . us . . . I liked to brood . . . she didn't
. . . She liked to laugh . . . I didn't . . . I thought I was ugly
. . . she didn't . . .

Pots are taught not to call kettles Black . . . people who live
in glass houses . . . don't throw stones . . . small town girls learn
early . . . or not at all . . . that they can make a life . . . or
abort the promise . . . One of us tried . . . one of us didn't have
to . . . To each . . . according to her birth . . . from each according
to her ability . . . Which is bastardized Marx . . . but legitimate
bourgeoisie . . . She was never caring . . . She never learned to
see . . . beyond her own windshield . . . that there were other
people on the sidewalk . . . other cars . . . on the road . . . She
drank . . . too much . . . for too long . . . Maybe in the back of
her mind . . . or heart . . . or closet . . . there was a sign saying:
There-Is-More-Than-This . . . but she wouldn't pull it out . . . put
it up . . . or even acknowledge that some things . . . many
things . . . were missing . . . I accept . . . if not embrace . . .
the pain . . . the sign on my car says: I Brake For Gnomes . . .
the one in my heart reads: Error In Process—Please Send Choc-
olate . . .

Into the rising sun . . . or setting years . . . accustomed to the
scattered friends littering the road . . . she drives on . . . with the
confidence of small town drivers who know every wayfall . . .
toward the smaller minds . . . around the once hopeful lovers
. . . into the illusion of what it is . . . to be a woman . . . through
the delusion that trip necessitates . . . never once slowing . . . to
ask Did I Hurt You . . . May I Love You . . . Can I/May I Please
Give . . . You A Lift . . . With the surety . . . of one who never
had to walk . . . she accelerates . . . toward boredom . . . secure
in the understanding . . . that everybody knows her . . . and would

be unlikely to ticket . . . her cruising car . . . She was my friend
. . . more than a sister . . . really . . . a part of the mirror . . . against
which I adjust . . . my makeup . . . I have no directions . . . but
here is a sign . . . Thomas Wolfe was wrong . . . Maybe it will
be read . . .

# ∷ The Cyclops in the Ocean

Moving slowly . . . against time . . . patiently majestic . . . the
cyclops . . . in the ocean . . . meets no Ulysses . . .

Through the night . . . he sighs . . . throbbing against the shore
. . . declaring . . . for the adventure . . .

A wall of gray . . . gathered by a slow touch . . . slash and slither
. . . through the waiting screens . . . separating into nodules
. . . making my panes . . . accept the touch . . .

Not content . . . to watch my frightened gaze . . . he clamors
beneath the sash . . . dancing on my sill . . .

Certain to die . . . when the sun . . . returns . . .


Tropical Storm Dennis
August 15–18, 1981, FLL

## :: Harvest

*(for Rosa Parks)*

There is an old story . . . I learned in church . . . one
evening . . . about a preacher . . . and his deacon . . .
fishing . . . It seems that every time . . . the good brother
got a bite . . . the fish would scamper . . . away . . . and
the deacon . . . would curse . . . The preacher . . .
probably feeling . . . his profession demanded . . . a
response . . . said to the deacon Brother . . . should you
curse like that . . . with me here . . . over some fish
. . . And the deacon agreed . . . They fished on . . . the
deacon losing more fish . . . when finally a big big one
. . . got away . . . The deacon remembered his vow
. . . looked at his empty pole . . . reminded himself of
the vow . . . looked at his empty pole . . . sucked in his
breath . . . turned to the preacher . . . and remarked
Reverend . . . Something Needs To Be Said . . .

I guess everybody wants . . . to be special . . . and pretty . . . the
boys . . . just want to be strong . . . or fast . . . all the same things
. . . children want . . . everywhere . . . It was ordinary . . . as far
as I can see . . . my childhood . . . but . . . well . . . I don't know
. . . much . . . about psychology . . . We had a lot of pride
. . . growing up . . . in Tuskegee . . . You could easily see . . .
what our people could do . . . if somebody set a mind . . . to it
. . . Father was a carpenter . . . Mama taught school . . . I got
married . . . at nineteen . . .

You always felt . . . you should do something . . . It just wasn't
right . . . what they did to Negroes . . . and why Negroes
. . . let it happen . . . Colored people couldn't vote . . . couldn't
use the bathroom in public places . . . couldn't go to the same
library they paid taxes for . . . had to sit on the back of the buses
. . . couldn't live places . . . work places . . . go to movies
. . . amusement parks . . . Nothing . . . if you were colored

. . . Just signs . . . always signs . . . saying No . . . No . . .
No . . .

My husband is a fine man . . . a fighting man . . . When we
were young . . . belonging to the N double A C P was radical
. . . dangerous . . . People got killed . . . run out of town . . . beaten
and burned out . . . just for belonging . . . My husband belonged
. . . and I belonged . . . In 1943 . . . during the war . . . Double
Victory was just as important . . . one thing without the other was
not good . . . enough . . . I was elected Secretary . . . of the
Montgomery branch . . . I am proud . . . of that . . . Many people
just think History . . . just fell on my shoulders . . . or at my feet
. . . 1 december 1955 . . . but that's not true . . .

Sometimes it seemed it was never going . . . to stop . . . That same
driver . . . who had me arrested . . . had put me off a bus . . . from
Maxwell Air Base . . . where I had worked . . . or maybe they all
. . . look the same . . . I wasn't looking . . . for anything . . . That
Colvin girl had been arrested . . . and nobody did anything
. . . I didn't think . . . they would do anything . . . when the driver
told us . . . it was four of us . . . to move . . . Three people moved
. . . I didn't . . . I couldn't . . . it was just so . . . wrong . . . Nobody
offered to go . . . with me . . . A neighbor . . . on the same bus
. . . didn't even tell . . . my husband . . . what had happened
. . . I just thought . . . we should let them know . . . *I* should let
them know . . . it wasn't right . . . You have to realize . . . I was
forty years old . . . all my life . . . all I'd seen . . . were signs
. . . that everything was getting worse . . .

The press people came . . . around after . . . we won . . . I had
to reenact . . . everything . . . I was on the aisle . . . the man by
the window . . . got up . . . I don't fault him . . . for getting up
. . . he was just doing . . . what he was told . . . Across the aisle
were two women . . . they got up . . . too . . . There was a lot
of violence . . . physical and verbal . . . I kinda thought . . .
something might happen . . . to me . . . I just didn't . . . couldn't
. . . get up . . .

They always tell us one . . . person doesn't make any difference
. . . but it seems to me . . . something . . . should be done . . .

In all these years . . . it's strange . . . but maybe not . . . nobody asks . . . about my life . . . If I have children . . . why I moved to Detroit . . . what I think . . . about what we tried . . . to do . . . somehow . . . you want to say things . . . are better . . . somehow . . . they are . . . not in many ways . . . People . . . older people . . . are afraid . . . younger people . . . are too . . . I really don't know . . . where it will end . . . Our people . . . can break . . . your heart . . . so can other . . . people . . . I just think . . . it makes a difference . . . what one person does . . . young people forget that . . . what one person does . . . makes a difference . . .

**The deacon . . . of course . . . wanted to curse . . . because the fish got . . . away . . . perhaps there is something . . . other to be done . . . about the people we lose . . . We always talk . . . about how everyone was Black . . . before it was fashionable . . . overlooking the reality . . . that were that true . . . Black would have been fashionable . . . before it was . . . and might have stayed in vogue . . . longer than it did . . . Something needs to be said . . . about Rosa Parks . . . other than her feet . . . were tired . . . Lots of people . . . on that bus . . . and many before . . . and since . . . had tired feet . . . lots of people . . . still do . . . they just don't know . . . where to plant them . . .**

# ∷ Reflections/On a Golden Anniversary

You never know . . . when you meet . . . Is it at introduction
. . . with polite handshakes and an exchange of names . . . Or
is it with eyes . . . that ask can you . . . will you . . . maybe
. . . love me

It seems sometimes that I always wanted . . . to be grown . . . and
warm . . . and free . . . and loved . . . yet you never know
. . . until it stops . . . that you were . . . Until the dolls . . . that
some called children . . . had children . . . you think of as dolls
. . . and you remember Yes . . . maybe I was grown . . . up perhaps
. . . wider for sure . . . more patient . . . less tolerant . . . who knows
what . . . exactly . . . until it stops

Love is more than stopping that ache . . . It's paying those bills
. . . cooking that food . . . cleaning this house . . . answering when
someone says Mama . . . and hoping it's a child . . . who calls

Did we meet when we were only a dream . . . of each other
. . . Or did we meet with the cries . . . of labor . . . or fever
. . . or no work this week

Do we know . . . because of the change of names . . . each other
. . . Or do we know . . . because of an exchange of glances
. . . that each is a bridge . . . free standing . . . stretched between
the good years and the bad

It's hard to remember . . . when we met . . . I am constantly
being introduced . . . to a you . . . I never knew . . . I offer you
the same . . .

Hello

# DAY TRIPPERS

## ∷ Love: Is a Human Condition

An amoeba is lucky it's so small . . . else its narcissism would lead to war . . . since self-love seems so frequently to lead to self-righteousness . . .

I suppose a case could be made . . . that there are more amoebas than people . . . that they comprise the physical majority . . . and therefore the moral right . . . But luckily amoebas rarely make television appeals to higher Gods . . . and baser instincts . . . so one must ask if the ability to reproduce oneself efficiently has anything to do with love . . .

The night loves the stars as they play about the Darkness . . . the day loves the light caressing the sun . . . We love . . . those who do . . . because we live in a world requiring light and Darkness . . . partnership and solitude . . . sameness and difference . . . the familiar and the unknown . . . We love because it's the only true adventure . . .

I'm glad I'm not an amoeba . . . there must be more to all our lives than ourselves . . . and our ability to do more of the same . . .

## :: Sky Diving

I hang on the edge
      of this universe
      singing off-key
      talking too loud
      embracing myself
      to cushion the fall

I shall tumble
      into deep space
      never in this form
      or with this feeling
      to return to earth

      It is not tragic

I will spiral
      through that Black hole
      losing skin      limbs
          internal organs
      searing
      my naked soul

Landing
      in the next galaxy
      with only my essence
      embracing myself
      as

I dream of you

# :: A Journey

It's a journey . . . that I propose . . . I am not the guide . . . nor technical assistant . . . I will be your fellow passenger . . .

Though the rail has been ridden . . . winter clouds cover . . . autumn's exuberant quilt . . . we must provide our own guide-posts . . .

I have heard . . . from previous visitors . . . the road washes out sometimes . . . and passengers are compelled . . . to continue groping . . . or turn back . . . I am not afraid . . .

I am not afraid . . . of rough spots . . . or lonely times . . . I don't fear . . . the success of this endeavor . . . I am Ra . . . in a space . . . not to be discovered . . . but invented . . .

I promise you nothing . . . I accept your promise . . . of the same we are simply riding . . . a wave . . . that may carry . . . or crash . . .

It's a journey . . . and I want . . . to go . . .

## :: Resignation

I love you
        because the Earth turns round the sun
        because the North wind blows north
            sometimes
        because the Pope is Catholic
            and most Rabbis Jewish
        because winters flow into springs
            and the air clears after a storm
        because only my love for you
            despite the charms of gravity
            keeps me from falling off this Earth
            into another dimension
I love you
        because it is the natural order of things

I love you
        like the habit I picked up in college
            of sleeping through lectures
            or saying I'm sorry
            when I get stopped for speeding
        because I drink a glass of water
            in the morning
            and chain-smoke cigarettes
            all through the day
        because I take my coffee Black
            and my milk with chocolate
        because you keep my feet warm
            though my life a mess
I love you
        because I don't want it
            any other way

I am helpless
        in my love for you

It makes me so happy
          to hear you call my name
I am amazed you can resist
          locking me in an echo chamber
          where your voice reverbrates
          through the four walls
          sending me into spasmatic ecstasy
I love you
          because it's been so good
          for so long
          that if I didn't love you
          I'd have to be born again
          and that is not a theological statement
I am pitiful in my love for you

The Dells tell me Love
          is so simple
          the thought though of you
          sends indescribably delicious multitudinous
          thrills throughout and through-in my body
I love you
          because no two snowflakes are alike
          and it is possible
          if you stand tippy-toe
          to walk between the raindrops
I love you
          because I am afraid of the dark
                    and can't sleep in the light
          because I rub my eyes
                    when I wake up in the morning
                    and find you there
          because you with all your magic powers were determined
                    that
I should love you
          because there was nothing for you but that
I would love you
I love you
          because you made me
                    want to love you

49 /

more than I love my privacy
my freedom      my commitments
and responsibilities
I love you 'cause I changed my life
to love you
because you saw me one friday
afternoon and decided that I would
love you
I love you I love you I love you

## :: I Wrote a Good Omelet

I wrote a good omelet . . . and ate a hot poem . . .
after loving you

Buttoned my car . . . and drove my coat home . . . in the
     rain . . .
after loving you

I goed on red . . . and stopped on green . . . floating somewhere
     in between . . .
being here and being there . . .
after loving you

I rolled my bed . . . turned down my hair . . . slightly confused
     but . . . I don't care . . .
Laid out my teeth . . . and gargled my gown . . . then I stood
     . . . and laid me down . . .
to sleep . . .
after loving you

## ∷ Three/Quarters Time

Dance with me . . . dance with me . . . we are the song . . . we
are the music . . .
Dance with me . . .

Waltz me . . . twirl me . . . do-si-do please . . . peppermint twist
me . . . philly
Squeeze

Cha cha cha . . . tango . . . two step too . . .
Cakewalk . . . charleston . . . bougaloo . . .

Dance with me . . . dance with me . . . all night long . . .
We are the music . . . we are the song . . .

# :: Cancers (not necessarily a love poem)

Cancers are a serious condition . . . attacking internal organs
    . . . eating
them away . . . or clumping lumps . . . together . . .

The blood vessels carry . . . cancerous cells . . . to all body parts
    . . . cruising
would be the term . . . but this is not necessarily a love poem . . .

Cancer is caused . . . by . . .
    the air we breathe
    the food we eat
    the water we drink
Indices are unusually high . . . in cities that have baseball teams
. . . or people . . .

    Coffee . . . milk . . . saccharine
    cigarettes . . . sun . . . and birth control
        devices . . .
are among the chief offenders . . .
    Monthly phenomena stopped . . . internally . . . will
        only lead . . .
    to shock syndrome . . .
What indeed . . . porcelana . . . does a woman . . . want . . .
Cancers are . . .
    the new plague
    the modern black death
    all that is unknown
        yet

I have a cancer . . . in my heart . . . I'm told . . . on knowledgeable
    authority . . .
it is not possible

For the heart we have . . .

        cardiac arrest . . . and outright attacks . . .

        holes in valves . . . and valve stoppage . . .

        constricted vessels . . . and nefarious air
                bubbles . . .

But then . . . my doctor never saw you . . . and doesn't believe
. . . in the zodiac . . .

# ∷ A Word for Me . . . Also

Vowels . . . are a part of the English language . . . There are five in the alphabet . . . though only one . . . between lovers . . .

My father . . . you must understand . . . was Human . . . My mother . . . a larva . . . and while I concede most Celestial Beings . . . have taken the bodies of the majority . . . I chose differently . . . No one understands me . . . at all . . . except the clouds . . . and grasses . . . and waters cresting . . . against the Heavens . . .

I just don't know . . . what to do . . . with myself . . . I have forgotten the names . . . I feared being called . . . I have rested the burdens . . . of my will . . . I inhale the illogic . . . of the moment . . . exuding inert emotions . . . I am still . . . beside you . . . happily confused . . .

Words . . . are the foundation of thought . . . Many people think they think . . . but cannot put it . . . into words . . . My grandmother thought . . . she could drive a car . . . too . . . though she couldn't do Reverse . . . There is a word for me . . . also . . .

## :: I Am She

*(for Nancy)*

I am she . . . making rainbows . . . in coffee cups . . . watching
fish jump . . . after midnight . . . in my dreams . . .

On the stove . . . left front burner . . . is the stew . . . already
chewed . . . certain to burn . . . as I dream . . . of waves . . . of
nothingness . . .

Floating to shore . . . riding a low moon . . . on a slow cloud
. . . I am she . . . who writes . . . the poems . . .

## :: The Room With the Tapestry Rug

And when she was lonely . . . she would go into the room . . . where all who lived . . . knew her well . . .

Her hands would touch . . . her lips . . . silently moving . . . would punctuate the talk . . . with a smile . . . or a frown . . . an occasional "Oh My" . . .

If it was cold . . . she would wrap herself . . . in the natted blue sweater . . . knitted by a grandmother . . . so many years ago . . . If warm . . . the windows were opened . . . to allow the wind . . . to partake of their pleasure . . .

Holidays were never sad . . . seasons in fact . . . unchanging . . . Family and friends . . . lovers and longings . . . rested . . . waited . . . never to betray . . . never to leave her . . .

Her books . . . her secret life . . . in the room with the tapestry rug . . .

## :: Wild Flowers

We are like a field . . . of wild flowers . . . unpollinated . . . swaying
against the wind . . .

Dew sparkling . . . buds bursting . . . we await the drying day
. . . Let's not gain . . . the notice of the woman . . . with the large
straw basket . . .

Autumn will come . . . anyway . . . Let us continue . . . our dance
. . . beneath the sun . . .

## :: Love Thoughts

Planes fly patterns . . . rather than land . . . on icy runways . . .
    I run a pattern . . . around you . . .

Captains cut their engines . . . to passively ride storm waves . . .
    You put me . . . on hold . . .

    Only clear skies . . . and still waters . . .
    Can support engines of displacement

Aretha said it best . . . in Lady Soul . . . Ain't No Way . . . (for
    me to love you) . . .
    If you don't . . . let me . . .

## :: You Were Gone

You were gone
        like a fly lighting
        on that wall
        with a spider in the corner
You were gone
        like last week's paycheck
        for this week's bills
You were gone
        like the years between
        twenty-five and thirty
        as if somehow
You never existed
        and if it wouldn't be
        for the gray hairs
        I'd never know that
You had come

# ∷ A Song for New-Ark

When I write I like to write . . . in total silence . . . Maybe total
. . . silence . . . is not quite accurate . . . I like to listen to the notes
breezing by my head . . . the grunting of the rainbow . . . as
she bends . . . on her journey from Saturn . . . to harvest the
melody . . .

There is no laughter . . . in the city . . . no joy . . . in the sheer
delight . . . of living . . . City sounds . . . are the cracking of ice
in glasses . . . or hearts in despair . . . The burglar alarms . . . or
boredom . . . warning of illicit entry . . . The fire bells proclaiming
. . . yet another home . . . or job . . . or dream . . . has deserted
the will . . . to continue . . . The cries . . . of all the lonely people
. . . for a drum . . . a tom-tom . . . some cymbal . . . some/body
. . . to sing for . . .

I never saw old/jersey . . . or old/ark . . . Old/ark was a forest
. . . felled for concrete . . . and asphalt . . . and bridges to
Manhattan . . . Earth acres that once held families . . . of deer
. . . fox . . . chipmunks . . . hawks . . . forest creatures . . . and
their predators . . . now corral business . . . men and women
. . . artists . . . and intellectuals . . . People . . . and their predators
. . . under a banner of neon . . . graying the honest Black . . .
cradling the stars above . . . and the earth below . . . turning to
dust . . . white shirts . . . lace curtains at the front window . . .
automobiles lovingly polished . . . Dreams . . . encountering racist
resistance . . . New-Ark knows too much pain . . . sees too many
people who aren't special . . . watches the buses daily . . . the
churches on Sunday . . . the bars after midnight . . . disgorge the
unyoung . . . unable . . . unqualified . . . unto the unaccepting
. . . streets . . . I lived . . . one summer . . . in New-Ark . . .
New-Jersey . . . on Belleville Avenue . . . Every evening . . . when
the rats left the river . . . to visit the central ward . . . Anthony
Imperiali . . . and his boys . . . would chunk bullets . . . at the

fleeing mammals . . . refusing to recognize . . . the obvious
. . . family . . . ties . . . I napped . . . to the rat-tat-tat . . . rat-tat-tat
. . . wondering why . . . we have yet to learn . . . rat-tat-tats
. . . don't even impress . . . rats . . .

When I write I want to write . . . in rhythm . . . regularizing the
moontides . . . to the heart/beats . . . of the twinkling stars
. . . sending an S.O.S. . . . to day trippers . . . urging them to turn
back . . . toward the Darkness . . . to ride the night winds . . . to
tomorrow . . . I wish I understood . . . bird . . . Birds in the city
talk . . . a city language . . . They always seem . . . unlike humans
. . . to have something . . . useful . . . to say . . . Other birds
. . . like Black americans . . . a century or so ago . . . answer back
. . . with song . . . I wish I could be a melody . . . like a damp
. . . gray . . . feline fog . . . staccatoing . . . stealthily . . . over the
city . . .